Die Geheimnisse

der Kanarischen

Mojo-Saucen

Rezepte für Knoblauchfans
und solche,
die es werden möchten

Seit Jahrhunderten begleiten die Mojo-Saucen eine Vielzahl von Gerichten der Kanarischen Inselbewohner. Ob grün oder rot, mild oder scharf gewürzt, zu fast jedem Gericht stellt die kanarische Hausfrau eine oder sogar zwei "Mojos" auf den Tisch.

Die Hauptzutaten einer Mojo sind Knoblauch, Oel und Essig. Aber man scheut sich nicht, Zutaten wie Käse, Orangen, Avocado, Paprika oder Mandeln einer Mojo beizumischen. Interessant bei der Zubereitung ist, daß alle Zutaten in rohem Zustand püriert werden, wodurch sämtliche Vitamine erhalten bleiben.

Jeder von Ihnen, der schon einmal Gast auf einer Kanareninsel war, hat mit Sicherheit Bekanntschaft mit der "roten" oder "grünen" Mojo gemacht. Diese beiden Saucen sind ständige Begleiter der berühmten "papas arrugadas", der typisch kanarischen Runzelkartoffel, die samt Schale verspeist wird.

Aber in den Genuß einer Orangen- oder Mandelmojo kommt man nur noch, wenn man bei einer Kanarischen Familie zum Festmenue eingeladen wird. Leider machen sich die Restaurants auf den Kanarischen Inseln nicht mehr die Mühe, die Vielfalt der Mojo-Saucen ihrer Inseln anzubieten. Vielleicht wird sich dieser Umstand in Zukunft ändern, denn das Interesse an "Mojos" wächst.

Nicht nur die kanarischen "Papas arrugadas", sondern auch Gofio, die kanarische Nationalspeise, wird fast immer in Verbindung mit Mojo gegessen.

Gofio ist ein Mehl, welches aus geröstetem Getreide (Mais, Weizen) hergestellt wird. Dieses Mehl wird mit Flüssigkeit (je nach Gericht Brühe, Wasser, Ziegenmilch etc.) zu einem festen Brei verknetet.

Dieser Brei wurde von der ehemals armen Landbevölkerung, sozusagen als Brotersatz, sehr geschätzt.

Noch eine Bemerkung zu den Gewürzen. Sie werden feststellen, daß in vielen Rezepten Kreuzkümmel verwendet wird.

Kreuzkümmel, der Samen der Pflanze **Cuminum cyminum**, ist zwar im Aussehen dem europäischen Kümmel recht ähnlich, im Geschmack allerdings sehr viel intensiver und völlig anders. Hauptanbaugebiete dieser Pflanze sind China, Ägypten, Syrien und Libanon.

Außerhalb Spaniens bekommen Sie Cumin hauptsächlich in ausländischen Geschäften, oder aber in der Apotheke.

Am einfachsten allerdings ist es, Sie kaufen es hier auf den Kanaren, wo es in jedem Supermarkt unter dem Namen "comino" als Samen oder Pulver angeboten wird.

Alle Rezepte dieses Buches sind für 4-6 Personen berechnet.

Wir hoffen, daß Sie Spaß daran haben
werden, die Rezepte dieses Buches
auszuprobieren.
Vielleicht werden Sie ja zu einem
wahren Mojo-Fan und
entwickeln bald
Ihre persönliche Lieblingsmojo.

art edition canarias
Beate Timm

Papas arrugadas

Ein absoluter Klassiker der Kanarischen Küche sind die "papas arrugadas", kleine runzelige Kartoffeln, die von einer leichten Salzschicht überzogen sind. Sie werden mit der Schale und gern in Verbindung mit roter oder grüner "Mojo" gegessen.

Kanarische Runzelkartoffeln

Zutaten:

Kartoffeln, Meersalz, Wasser

1 Besorgen Sie sich möglichst kleine, junge Kartoffeln. Diese werden gewaschen und in einem breiten Topf mit stark gesalzenem Wasser bedeckt. Im Original wird Meerwasser verwendet. (siehe Tipp unten).

2 Kochen Sie die Kartoffeln wie gewohnt.

3 Dann schütten Sie das Wasser ab und setzen den Topf zurück auf den Herd. Auf kleiner Flamme werden die Kartoffeln nun unter leichtem Rütteln des Topfes abgedämpft, bis das verbliebene Salz an den Schalen kristallisiert und sich diese leicht runzeln.

TIPP:

Um den richtigen Salzgehalt des Wasser festzustellen, geben Sie die entsprechende Menge Wasser in einen Topf und lösen so viel Meersalz in dem Wasser auf, bis eine hineingegebene Kartoffel nicht mehr auf den Boden sinkt.

Mojo verde

Das folgende Rezept können Sie in 2 Varianten herstellen. Einmal die "Mojo de perejil" (Mojo mit Petersilie) und zum anderen die "Mojo de cilantro" (Mojo mit Korianderkraut).

Grüne Kanarische Knoblauch-Sauce

1 Knoblauchknolle
1 Tl Salz
200 ml. Oel
50 - 100 ml. Weißweinessig
1 Bund Petersilie oder Korianderkraut
1/2 Tl. Kreuzkümmel (Cumin)

1. Den Knoblauch schälen und grob zerteilen.

2. Knoblauch, Salz, Kreuzkümmel und 50 ml. Essig in einen Mixer geben bzw. mit dem Mixstab bearbeiten, bis alle Zutaten zerkleinert sind.

3 Die Petersilie bzw. das Korianderkraut von den groben Stielen zupfen. In den Mixer geben.

4 Nun langsam und unter ständigem Mixen das Oel einfließen lassen.

5 Abschmecken und nach Geschmack mehr Essig dazugeben.

Grüne Kanarische Avocadomojo (Mojo de aguacate)

Die cremige Variante der "Mojo verde" ist auch unter dem Namen "Mojo de aguacate" bekannt.

1 Knoblauchknolle
1 Tl Salz
200 ml. Oel
50 - 100 ml.
Weißweinessig
1 Bund Petersilie
oder
Korianderkraut
1 reife Avocado

1. Den Knoblauch schälen und grob zerteilen.

2. Knoblauch, Salz und 50 ml. Essig in einen Mixer geben bzw. mit dem Mixstab bearbeiten, bis alle Zutaten zerkleinert sind.

3 Die Avocado schälen und das Fruchtfleisch in groben Stücken vom Kern lösen. Es muß nun sofort mit Essig beträufelt werden, da es sich sonst braun verfärbt.

4 Geben Sie das Avcocadofleisch zusammen mit der Petersilie bzw. dem Korianderkraut in den Mixer.

5 Nun langsam und unter ständigem Mixen das Oel einfließen lassen.

Mojo picón

Die Menge der Chilischoten, die Sie für das folgende Rezept verwenden, richtet sich nach Ihrem persönlichen Geschmack. Wer es gern pikant mag, nimmt 4 Schoten. Zum Ausprobieren fangen Sie vielleicht besser mit 2 Chilis an.

Rote Kanarische Knoblauch-Sauce

2-4 getrocknete Chilischoten
1 Knoblauchknolle
1 Tl Salz
200 ml. neutrales Oel
50 - 100 ml. Weißweinessig
1/2 Tl. Kreuzkümmel (Cumin)
1/2 Tl. scharfes Paprikapulver
1 Prise Safranpulver

1. Die Chilischoten mit kochendem Wasser begießen und 1 Std. quellen lassen. Dann die Kerne entfernen und die Schoten in Ringe schneiden.

2. Knoblauch schälen und die Zehen grob zerteilen.

3 Chilis, Knoblauchzehen, Salz, Kreuzkümmel, Paprikapulver Safranpulver und 50 ml. Essig in den Mixer geben bzw. mit dem Mixstab bearbeiten, bis eine homogene Masse entsteht.

4 Dann unter ständigem Weitermixen das Oel einfließen lassen. Nach Geschmack mit mehr Essig auffüllen.

Sollten Sie die cremige Variante dieser "Mojo" bevorzugen, schneiden Sie sie einfach rohe rote Gemüsepaprika in Würfel und geben diese zusammen mit den Chilis und dem Knoblauch in den Mixer.

Mojo de naranjas

Das Rezept der "Mojo de naranjas" hat seinen Ursprung auf der Insel Gran Canaria, wo es mit Bitterorangen zubereitet und zu Fischeintöpfen gereicht wird. Besonders gut harmoniert diese sehr spezielle Mojo auch mit gebratenen Fischfilets und Geflügelgerichten.

Kanarische Orangen-Mojo

1 Knoblauchknolle
1/2 Tl. Salz
1/2 Tl. Kreuzkümmel (Cumin)
1 Tl. grüner Pfeffer
1/2 grüne Paprikaschote
etwas Petersilie
Saft von 2 Orangen
(nach Geschmack süß oder von Bitterorangen)

1 Den Knoblauch schälen und die Zehen grob zerteilen. Die Paprikaschote in kleine Würfel schneiden. Petersilie von den Stielen zupfen und grob hacken.

2 Knoblauch, Salz, Kreuzkümmel, grünen Pfeffer, Paprika und Petersilie im Mörser zerstoßen bzw. im Mixer zu einer Paste verarbeiten.

3 Nun den Orangensaft unter ständigem Rühren dazugeben.

Tomate und Knoblauch, eine ideale Verbindung. Wenn dann noch Käse hinzukommt, ist die "almogrote" fast schon fertig.

Käseliebhaber sollten dieses Rezept auf jeden Fall ausprobieren.

Käsemojo von La Gomera

Geschmacklich wird die folgende Sauce sehr stark durch den Käse bestimmt. Suchen Sie sich also Ihren persönlichen Lieblingskäse aus - nur, richtig hart (alt) sollte er sein. Auf La Gomera wird die Almogrote aus Ziegenkäse hergestellt.

Frisches Stangenweißbrot, getunkt in Almogrote, als Beilage zu einem Glas Wein, kann ein wahrer Hochgenuß sein.

Almogrote gomero

300 g Hartkäse
3-4 Knoblauchzehen
2 reife Fleischtomaten
1-2 Chilischoten
1/2 Tl. Salz
100 ml. Olivenoel

1. Den Käse auf der Haushaltsreibe fein reiben.

2. Die geschälten Knoblauchzehen durch die Presse drücken. Die Tomaten mit kochendem Wasser überbrühen, pellen, von den Kernen befreien und sehr fein hacken.

3. Die getrockneten Chilischoten in kochendem Wasser einweichen, entkernen und ebenfall sehr fein hacken.

4. Dann Käse, Knoblauch, Chili und Salz in einer Schüssel gut verrühren.

5. Nun langsam, wie bei der Zubereitung einer Mayonnaise, in dünnem Strahl das Oel einfließen lassen, dabei stetig weiterrühren, bis eine sämige Konsistenz entsteht.

Mojo de almendras

75 gr. geschälte Mandeln
4 Scheiben Toastbrot
(ohne Rinde)
2-4 Chilischoten (getrocknet)
2 Knoblauchknollen
1 Tl. Salz
1/2 Tl. Kreuzkümmel
(Cumin)
1 Tl. scharfes Paprikapulver
50 - 100 ml. Weißweinessig
200 ml. Oel

Für das folgende Rezept sollten Sie ungeschälte Mandeln vor der Zubereitung der Mojo selbst schälen, weil so der feine Mandelgeschmack sehr viel intensiver wird. Geben Sie die Mandeln für ca. 2 min. in kochendes Wasser. Die Schalen lassen sich jetzt einfach abziehen.

Kanarische Mandelmojo

1. Das Toastbrot in Würfel schneiden. Die geschälten Mandeln grob hacken. Beides in einer Pfanne mit 1 El. Oel unter ständigem Rühren anrösten.

2. Den Knoblauch schälen und die Zehen grob zerteilen. Die Chilischoten in kochendem Wasser einweichen, entkernen und in Ringe schneiden.

3. Toast, Mandeln, Chili, Knoblauch, Salz, Kreuzkümmel und Paprikapulver mit 50 ml. Essig in einen Mixer geben bzw. mit dem Mixstab bearbeiten, bis eine homogene Masse ent-steht.

4. Dann unter ständigem Weitermixen das Oel einfließen lassen. Nach Geschmack mit mehr Essig auffüllen.

Auf den Kanaren wird die Mandelmojo gern zu Fischgerichten gereicht. Aber auch zu z.B. gebratenen Hähnchenkeulen schmeckt sie ganz vorzüglich.

Adobo para carnes

Das nachfolgende Rezept ist ausreichend für 1 kg. Fleisch der entsprechenden Sorte. Zum Marinieren sehr gut geeignet sind Zicklein und Kaninchen sowie Hähnchenkeulen.

Marinade für Fleischgerichte

1 Knoblauchknolle
1/2 Bund Petersilie
1 Lorbeerblatt
1 Tl. Thymian, 1 Tl. Oregano
1 Chilischote (nach Belieben)
1 kleines Gläschen Cognac
1 kleines Gläschen Essig
100 ml. Oel
1 Tl. Paprikapulver
1/2 Tl. Safranpulver
Salz, Pfeffer
Oel zum Braten

1 Knoblauch schälen und feinhacken. Petersilie von den Stielen zupfen und ebenfalls feinhacken. Lorbeerblatt, Thymian und Oregano zerbröseln. Getrocknete Chilischote in kochendem Wasser einweichen, entkernen und feinschneiden.

2 Die vorbereiteten Zutaten mit Salz, Pfeffer, Safranpulver, Cognac, Essig und Oel vermischen. Mit dieser Marinade werden die Fleischstücke gleichmäßig eingestrichen.

3 So vorbereiteten, wird das Fleisch in eine flache Schüssel geschichtet (kein Metall) und muß nun abgedeckt 12-24 Stunden im Kühlschrank ruhen. Dabei mehrmals wenden.

4 Nach dieser Zeit nehmen Sie das Fleisch aus der Marinade, tupfen es ab und lassen es in nicht zu stark erhitztem Oel langsam und unter häufigem Wenden braten.

5 Wenn das Fleisch gut gebräunt ist, geben Sie die restliche Marinade dazu, lassen alles kurz aufkochen und danach abgedeckt neben der Flamme 5 min. ruhen.

Das Marinieren von Fleisch vor seiner Zubereitung ist auf den Kanarischen Inseln sehr beliebt. Durch das Beizen mit Essig und Oel wird das Fleisch besonders zart, und durch die Zugabe unterschiedlicher Gewürze und Kräuter werden immer wieder andere Geschmacksrichtungen erzielt.

Pescado en escabeche

Marinierter Fisch

1 frischer, bauchiger Fisch
(ca. 2 kg.), Salz
300 ml bestes Olivenoel
1 Knoblauchknolle
1/2 kg. Zwiebeln
1/2 Tl. Kreuzkümmel (Cumin)
2 Tl. Paprikapulver
150 ml. Essig
50 ml. Weißwein
1 Tl. Thymian
1 Tl. Oregano
1 Lorbeerblatt

1 Der gesäuberte Fisch wird in Scheiben von ca. 2,5 cm geschnitten und gesalzen.

2 Knoblauchzehen schälen und ganz lassen. Die Zwiebeln schälen und in Scheiben schneiden.

3 In einer großen Pfanne werden die Fischscheiben in dem erhitzten Olivenoel von beiden Seiten kurz (je ca. 2 Minuten) angebraten. Dann nehmen Sie den Fisch heraus und stellen ihn beiseite.

4 In dem selben Oel werden nun die Knoblauchzehen und Zwiebeln ebenfalls kurz angebraten. Mit Essig und Wein ablöschen, alle Gewürze dazugeben und eine Minute kochen lassen.

5 Nun die beiseitegestellten Fischscheiben dazulegen, abdecken und alles nochmal 1 min. kochen lassen. Dann die Pfanne von der Platte ziehen und abgedeckt erkalten lassen.

6 Die Fischscheiben in ein entsprechendes Gefäß (kein Metall) schichten und die Marinade samt fester Bestandteile darübergießen. Evtl. mit Oel und Essig auffüllen, so daß der Fisch vollständig bedeckt ist. Im Kühlschrank mind. 12 Stunden ziehen lassen.

Mojo hervido

Ein etwas aus der Reihe fallendes Rezept für eine Mojo, weil hier die Zutaten gekocht werden. Die Sauce harmoniert mit Fischgerichten jeglicher Art und kann sowohl heiß als auch kalt serviert werden.

Gekochte Mojo

1-4 getrocknete Chilischoten
6 Knoblauchzehen, 1/2 Tl Salz
100 ml. neutrales Oel
100 ml. Weißweinessig
2 Scheiben Toastbrot
3 Petersilienzweige
1 kleines Lorbeerblatt
1 Tl. scharfes Paprikapulver
etwas Thymian
100 ml. Wasser

1 Die Chilischoten mit kochendem Wasser begießen und 1 Std. quellen lassen. Dann die Kerne entfernen und die Schoten in Ringe schneiden.

2 Das Toastbrot mit dem Essig übergießen und quellen lassen.

3 Chili, Knoblauch, Salz, Petersilie und den Toast mit dem Essig im Mörser zerstoßen bzw. im Mixer zu einer Paste verarbeiten.

4 Diese Masse zusammen mit dem Oel in eine Pfanne geben und erhitzen. Lorbeer, Paprika und Thymian dazugeben. Das Wasser hineingeben und einige Minuten köcheln lassen.

Die Geheimnisse der Kanarischen Mojo-Saucen

Text, Layout: Beate Timm
Fotografie: Thorsten Kern, Beate Timm, Reiner Loos

art edition canarias
Camino El Pozo, 11
35571 Macher
Lanzarote
Islas Canarias
Tel. (34) 928 513814
e-mail tbeate@terra.es

Imprime: **ARTEGRAF, S.A.**
Sebastián Gómez, 5. 28026 Madrid
Tel. 91 475 42 12